BEI GRIN MACHT SICH WISSEN BEZAHLT

- Wir veröffentlichen Ihre Hausarbeit, Bachelor- und Masterarbeit
- Ihr eigenes eBook und Buch - weltweit in allen wichtigen Shops
- Verdienen Sie an jedem Verkauf

Jetzt bei www.GRIN.com hochladen und kostenlos publizieren

Andreas Vogt

Ausfüllen eines Überweisungsträgers (Unterweisung Bankkaufmann / -kauffrau)

GRIN Verlag

Bibliografische Information der Deutschen Nationalbibliothek:

Die Deutsche Bibliothek verzeichnet diese Publikation in der Deutschen Nationalbibliografie; detaillierte bibliografische Daten sind im Internet über http://dnb.d-nb.de/ abrufbar.

Dieses Werk sowie alle darin enthaltenen einzelnen Beiträge und Abbildungen sind urheberrechtlich geschützt. Jede Verwertung, die nicht ausdrücklich vom Urheberrechtsschutz zugelassen ist, bedarf der vorherigen Zustimmung des Verlages. Das gilt insbesondere für Vervielfältigungen, Bearbeitungen, Übersetzungen, Mikroverfilmungen, Auswertungen durch Datenbanken und für die Einspeicherung und Verarbeitung in elektronische Systeme. Alle Rechte, auch die des auszugsweisen Nachdrucks, der fotomechanischen Wiedergabe (einschließlich Mikrokopie) sowie der Auswertung durch Datenbanken oder ähnliche Einrichtungen, vorbehalten.

Impressum:

Copyright © 2006 GRIN Verlag GmbH
Druck und Bindung: Books on Demand GmbH, Norderstedt Germany
ISBN: 978-3-638-92648-5

Dieses Buch bei GRIN:

http://www.grin.com/de/e-book/64749/ausfuellen-eines-ueberweisungstraegers-unterweisung-bankkaufmann-kauffrau

GRIN - Your knowledge has value

Der GRIN Verlag publiziert seit 1998 wissenschaftliche Arbeiten von Studenten, Hochschullehrern und anderen Akademikern als eBook und gedrucktes Buch. Die Verlagswebsite www.grin.com ist die ideale Plattform zur Veröffentlichung von Hausarbeiten, Abschlussarbeiten, wissenschaftlichen Aufsätzen, Dissertationen und Fachbüchern.

Besuchen Sie uns im Internet:

http://www.grin.com/

http://www.facebook.com/grincom

http://www.twitter.com/grin_com

Unterweisungsentwurf
Andreas Vogt

18.02.2006

Unterweisungsentwurf

Ausbildungsberuf
Bankkaufmann / Bankkauffrau

Thema:
Ausfüllen eines Überweisungsträgers

Inhaltsverzeichnis

1. THEMA 3
2. EINORDNUNG DER AUSBILDUNGSEINHEIT 3
3. AUSGANGSSITUATION 4
4. BESCHREIBUNG DER AUSZUBILDENDEN 4
5. MOTIVATION 5
6. LERNZIELE 6
   6.1 GROBLERNZIEL 6
   6.2 KOGNITIVES FEINLERNZIEL 6
   6.3 AFFEKTIVES FEINLERNZIEL 6
   6.4 PSYCHOMOTORISCHES FEINLERNZIEL 6
7. OPERATIONALISIERUNG 7
8. ZEITLICHER RAHMEN 7
9. BESCHREIBUNG DES LERNORTES 7
10. AUSBILDUNGSMITTEL 8
11. METHODISCHE DARSTELLUNG DER AUSBILDUNGSEINHEIT 8
   11.1 UNTERWEISUNG NACH DER VIER-STUFEN-METHODE 8
   11.2 ERSTE STUFE: VORBEREITUNG DURCH DEN AUSBILDER 8
   11.3 ZWEITE STUFE: VORMACHEN UND ERKLÄREN DURCH DEN AUSBILDER 9
   11.4 DRITTE STUFE: NACHMACHEN UND ERKLÄREN DURCH DIE AUSZUBILDENDE 11
   11.5 VIERTE STUFE: SCHLUSSBESPRECHUNG UND VEREINBARUNG ZUM SELBSTÄNDIGEN ÜBEN DER AUSZUBILDENDEN 11
12. ARBEITSZERGLIEDERUNG 12

Unterweisungsentwurf 18.02.2006
Andreas Vogt

1. Thema

Das heutige Thema der Unterweisung ist das Ausfüllen eines Überweisungsträgers. Der Auszubildenden soll vermittelt werden, wie man diesen korrekt ausfüllt, welche Struktur der Überweisungsträger aufweist und welche Bedeutung er im Zuge eines guten Kundenservices hat. Darüber hinaus soll ihr aufgezeigt werden, für welche Überweisungen ein solcher Überweisungsträger benutzt wird.

Da die Auszubildende in ihrer beruflichen Tätigkeit als Bankkauffrau, in der Sparkasse Hof, fast täglich mit Überweisungsträgern zu arbeiten hat, ist eine solche Unterweisung dringend erforderlich.

2. Einordnung der Ausbildungseinheit

Das beschriebene Thema der Unterweisung ist gemäß gültigem Ausbildungsrahmenplan für die Berufsausbildung zum Bankkaufmann / zur Bankkauffrau dem Punkt 3.2 „Nationaler Zahlungsverkehr (§ 3 Nr. 3.2) c) die Bearbeitung von Zahlungsverkehrsaufträgen an Beispielen" zugeordnet.

Die vermittelten Fertigkeiten und Kenntnisse kann die Auszubildende nach der Unterweisung zur Erreichung der Lernziele verschiedener weiterer Inhalte des Ausbildungsrahmenplans anwenden. Beispielsweise fallen hierunter:

> 2. Markt- und Kundenorientierung
> 6.1 Rechnungswesen

Alle oben genannten Inhalte des Ausbildungsrahmenplans sind gemäß zeitlicher Gliederung in der Verordnung über die Berufsausbildung zum Bankkaufmann / zur Bankkauffrau dem ersten Ausbildungsjahr zugeordnet.

Es fand bisher keine Unterweisung der Auszubildenden statt, da sie die Berufsausbildung erst begonnen hat. Die nächste Unterweisung, die in einer Woche, am Dienstag um 9.00 Uhr, stattfinden wird, beschäftigt sich mit der richtigen Wahl der Zahlungsart des Kunden. Dort soll der Auszubildenden vermittelt werden, welche Möglichkeiten die Kunden für eine Begleichung der Verbindlichkeiten, haben. Es wird hierbei auf die heutige Unterweisung aufgebaut.

Die heutige Unterweisung findet um 9.00 Uhr am Dienstagvormittag statt.

3. Ausgangssituation

Die Auszubildende Wilma Weber ist im 1. Monat des ersten Ausbildungsjahres. Da sie ihre Schulausbildung mit der allgemeinen Hochschulreife beendet hat, wurde im Ausbildungsvertrag eine Ausbildungszeit von zweieinhalb Jahren vereinbart.

Die Auszubildende ist für drei Monate in der Sparkassenfiliale, in der Leimitzer Str. in Hof, für den Schalterdienst eingeteilt.

Der Berufsschulunterricht hat derzeit noch nicht begonnen. Über spezielles Wissen über den nationalen Zahlungsverkehr verfügt die Auszubildende deshalb noch nicht. Eintragungen in das Berichtsheft wurden bisher noch keine gemacht.

Die Unterweisung findet in der Sparkassenfiliale statt.

Die Unterweisung über das korrekte Ausfüllen eines Überweisungsträgers ist wichtig, da Frau Weber täglich mehrmals mit diesem Vorgang beim Kunden konfrontiert ist.

4. Beschreibung der Auszubildenden

Die Auszubildende Wilma Weber ist 21 Jahre alt, hat Abitur mit einem sehr guten Notendurchschnitt. Ihr Erscheinungsbild ist äußerst gepflegt und ihre Kleidung entspricht dem Erscheinungsbild einer Bankkauffrau.

Bei einem Rollenspiel (ein gestelltes Verkaufsgespräch mit einem ausgebildeten Bankkaufmann) im Einstellungsverfahren hat sich gezeigt, dass Frau Weber über große verkäuferische Qualitäten, wie beispielsweise Überzeugungskraft und Freundlichkeit, verfügt. Für den Beruf des Bankkaufmanns / der Bankkauffrau ist ein solches Talent von großer Wichtigkeit, da man den Kunden unterschiedliche Produkte verkaufen sollte. Des weitern wurde Frau Weber, in weiteren gestellten Rollenspielen, eine schnelle Auffassungsgabe und die Fähigkeit neue Sachverhalte korrekt und rasch aufnehmen zu können, bescheinigt.

Im Einstellungsgespräch erfuhr der Ausbilder, dass Frau Weber sich selbst als sehr wissbegierig einstuft. In diesem Gespräch teilte sie dem Ausbilder mit, dass sie neue Sachverhalte am liebsten aufschreibt, weil die Auszubildende sie sonst leicht vergisst.

Es muss deshalb Zeit in die Lernphase des Übens investiert werden, damit sich die Lerninhalte im Gedächtnis festigen können und das Wissen nicht nur auf einem Blatt Papier sondern permanent zur Verfügung steht.

Da der Ausbilder von dieser Eigenschaft Kenntnis hat, wird er die Auszubildende anhalten das Üben nicht zu vernachlässigen.

5. Motivation

Der Ausbilder weiß, dass Motivation einwichtiger Bestandteil für den Lernerfolg der Auszubildenden ist.

Die Auszubildende Wilma Weber ist von sich aus sehr motiviert, die Fertigkeiten, die zum gewählten Berufsbild Bankkaufmann / Bankkauffrau gehören, zu erlernen. Da Frau Weber weiß, dass sie täglich mit dem Ausfüllen von Überweisungsträgern konfrontiert sein wird und sie Kundenreklamationen bezüglich falsch ausgefüllter Formulare vermeiden möchte, ist sie an der Unterweisung sehr interessiert.

Die Auszubildende wird bei der Begrüßung für ihr korrektes Erscheinungsbild und ihre Pünktlichkeit gelobt. Im Anschluss daran hebt der Ausbilder die Wichtigkeit des heutigen Lernziels hervor und erklärt, warum das korrekte Ausfüllen eines Überweisungsträgers wichtig ist.

Nur komplett, richtig und sauber ausgefüllte Überweisungsträger können verarbeitet werden. Falls es sich um eine unleserliche Handschrift handelt, müssen die Überweisungsträger manuell nacherfasst werden, was Zeit und Geld kostet. Falls eine Verarbeitung der Überweisungsträger nicht möglich ist, weil wichtige Bestandteile, wie z.B. eine Kontonummer oder die Bankleitzahl, fehlen, muss der Kunde informiert werden, was ebenfalls Zeit und Geld kostet. Der Kunde muss zusätzlich noch einmal zur Filiale gehen und einen erneuten Überweisungsträger ausfüllen, was ihn sicherlich verärgert. Dringliche Überweisungen müssen korrekt ausgefüllt sein, damit das Geld rechtzeitig beim Empfänger ankommt.

Der Auszubildenden wird mit den Erklärungen bewusst, dass ein korrektes Ausfüllen eines Überweisungsträgers sehr wichtig ist.

Beim Vormachen durch den Ausbilder, weißt er auf weitere Möglichkeiten zur effektiven Nutzung der vermittelten Fertigkeiten hin.
Beispielsweise: Überweisungen auf Konten fremder Institute, Überweisungen ins Ausland der EU, weitere Auslandsüberweisungen, Überträge auf Sparbücher, wichtiges Wissen für die Berufsschule, etc.

Im Schlussgespräch nach dem Nachmachen und Erklären durch die Auszubildende zeigt der Ausbilder auf, dass das Ausfüllen eines Überweisungsträger die Basis ist für weitere Vorgänge im Bereich des Zahlungsverkehrs. Im weiteren Verlauf der Ausbildung benötigt man das Wissen z.B. um korrekte Beratungen im Online-Zahlungsverkehr zu machen.

Das korrekte, effektive Arbeiten wird nochmals als Hauptmotivation herausgestellt, um die Kundenzufriedenheit und den Service zu erhalten.

6. Lernziele

6.1 Groblernziel

Das korrekte Ausfüllen eines Überweisungsträgers wird vermittelt. Der Grund für die Unterweisung wird der Auszubildenden klar, da sie Kundenreklamationen vermeiden möchte.

6.2 Kognitives Feinlernziel

Die Auszubildende weiß nach der Unterweisung wie ein Überweisungsträger aufgebaut ist. Sie hat gelernt, in welcher Weise ein Überweisungsträger ausgefüllt werden muss und welche Gründ es für das korrekte Ausfüllen gibt. Frau Weber kann erklären, warum es Überweisungsträger gibt. Die Auszubildende kann, wenn Kunden an den Schalter kommen und Geld von einem Konto auf ein anderes Konto überweisen möchten, den Vorgang abwickeln. Bei Fragen der Kunden, ob der Überweisungsträger korrekt ausgefüllt ist, kann die Auszubildende fachlich richtige Informationen geben.

Die Auszubildende kennt mögliche Fehler, die beim Ausfüllen entstehen können und kann diese Fehler vermeiden.

6.3 Affektives Feinlernziel

Ziel ist es der Auszubildenden die Wichtigkeit von korrekten Vorgängen in der täglichen Arbeitswelt zu vermitteln. Nur wer seine Arbeit korrekt erledigt, spart Zeit, Geld und Ärger. Ferner trägt eine gute Arbeitsleistung zu einer guten Kundenbindung bei. Je besser eine Kundenbindung ist, desto weniger bereit ist der Kunde zu Mitbewerbern abzuwandern und desto mehr Geschäfte schließt er wiederum ab.

6.4 Psychomotorisches Feinlernziel

Beim Ausfüllen eines Überweisungsträgers stehen die kognitiven und affektiven Lernziele im Vordergrund.

Untergeordnet ist aber auch ein psychomotorisches Feinlernziel zu beachten:
Man soll den Blickkontakt zum Kunden aufrecht halten. Falls Frau Weber ihren Blick abwesend durch die Räumlichkeiten schweifen lässt, kommt sich der Kunde nicht ernst genommen vor. Der Kunde empfindet dies, als ob die Auszubildende ihm nicht zuhört. Deshalb soll immer darauf geachtet werden, dass ein Blickkontakt mit dem Kunden besteht. Die Auszubildende soll jedoch den Kunden nicht permanent Anstarren, denn dies hat ein Unwohlsein des Kunden zur Folge.

Unterweisungsentwurf
Andreas Vogt
18.02.2006

7. Operationalisierung

Das Lernziel ist erreicht, wenn die Auszubildende den Überweisungsträger in angemessener Zeit korrekt ausfüllen kann. Der Überweisungsträger wird sodann zur Nachbearbeitung weitergeleitet.

Die Auszubildende erkennt, warum das Erlernte sinnvoll und wichtig ist. Sie kann selbst erklären, auf welche Tätigkeiten der täglichen Arbeit sie die erlernte Methode anwendet.

Das korrekte Ausfüllen stellt das wichtigste Lernziel der Unterweisung dar.

8. Zeitlicher Rahmen

Der Ausbilder hat als Zeitpunkt für die Unterweisung einen Dienstagvormittag um 9:00 Uhr gewählt. Für die Unterweisung in der Vier-Stufen-Methode hat er ca. 20 Minuten (ohne Stufe vier „Üben der Auszubildenden") veranschlagt. Der Zeitpunkt wurde gewählt, weil die Auszubildende nach Arbeitsbeginn bereits eine Stunde im Betrieb war und zu dieser Tageszeit gemäß den Ergebnissen der Biorhythmuskurve und nach eigener Erfahrung des Ausbilders mit anderen Auszubildenden, die Aufnahmebereitschaft der Auszubildenden, etwas Neues zu lernen, am größten ist.

Für das Üben werden in den nächsten Tagen verschiedene Überweisungen, von einem Girokonto auf ein anderes Giroonto im Haus, an die Auszubildende übertragen.

Im weiteren Verlauf der Ausbildung wird sie beispielsweise in der Abteilung „interner Zahlungsverkehr" die Möglichkeit haben ihr erlerntes Wissen anzuwenden. Dort werden die Überweisungsträger noch einmal durchgesehen, ob sie alle korrekt ausgefüllt wurden. Des weiteren ist es in der Berufschule und somit für die Zwischen- und Abschlussprüfung wichtig über den nationalen Zahlungsverkehr informiert zu sein. Sie kann somit das Erlernter mehrmals anwenden.

Des weiteren wurde der frühe Zeitpunkt für die Unterweisung gewählt, weil zu dieser Zeit am wenigsten Kunden in der Filiale sind und der Ausbilder somit genügend Zeit für seine Erklärungen hat.

9. Beschreibung des Lernortes

Die Unterweisung findet in einem separaten Raum in der Filiale, der eigentlich für Kundenberatungen gedacht ist, statt. Hier herrscht kein Kundenverkehr und der Ausbilder kann sich in Ruhe auf die Unterweisung konzentrieren. Die Überweisungsträger befinden sich bereits auf dem Tisch, an dem die Unterweisung stattfinden soll. Auf dem Tisch befindet sich nur ein Telefon und die Überweisungsträger, ansonsten ist der Tisch leer. Der Tisch bietet genügend Platz für zwei Personen.

Das im Raum befindliche Telefon wurde nach Rücksprache auf die Telefonzentrale umgestellt. Die Telefonzentrale teilt den Anrufern mit, dass der Ausbilder in ca. 30 Minuten zurückrufen wird.

An der Tür des Kundenberatungszimmers wird das Schild „Bitte nicht stören" angebracht, um Störungen durch Kunden oder Kollegen zu verhindern. Die Lichtverhältnisse sind für die Unterweisung ausreichend.

10. Ausbildungsmittel

Als Ausbildungsmittel werden ein Kugelschreiber, ein Block sowie die Überweisungsträger benötigt. Da die Auszubildende sich gerne Notizen und Stichworte aufschreibt wird der Block bereitgelegt.
Des weiteren befinden sich zwei Kundenkarten (für je ein Girokonten) des Ausbilders griffbereit in seinem Geldbeutel.

11. Methodische Darstellung der Ausbildungseinheit

11.1 Unterweisung nach der Vier-Stufen-Methode

Die Auszubildende wird mittels der Vier-Stufen-Methode unterwiesen. Die Unterweisung wird nach der erstellten Arbeitszergliederung ablaufen.

Diese Form der Einzel-Unterweisung wurde von dem Ausbilder gewählt, da besonders praktische Fertigkeiten anschaulich vermittelt werden können und diese Lernmethode sich für das Ausfüllen von Überweisungsträgern bestens anbietet. Da er nur eine Auszubildende unterweist, kann der Ausbilder gut auf die Auszubildende eingehen.

Der Ausbilder führt die Unterweisung im partnerschaftlich kooperativen Führungsstil, den alle Auszubildenden von ihm kennen, durch. Kennzeichen dieser Art der Unterweisung sind Anerkennung und Lob für die Leistungen der Auszubildenden, um sie auch für neue Arbeitsaufträge zusätzlich zu motivieren. Die Auszubildende wird als gleichwertige Partnerin angesehen und auch so behandelt.

11.2. Erste Stufe: Vorbereitung durch den Ausbilder

<u>Vorbereitung:</u>

Der Ausbilder war hier bereits aktiv. Das Telefon wurde auf die Telefonzentrale umgestellt, damit die Unterweisung ohne Störungen stattfinden kann. Andere Unterlagen, die sich auf dem Tisch befanden wurden entfernt, sodass der Tisch leer ist.

Unterweisungsentwurf 18.02.2006
Andreas Vogt

Nur der Block, der Stift und die Überweisungsträger befinden sich auf dem Tisch. Der Ausbilder hat zwei Schreibtischstühle an den Tisch gestellt, damit sich der Ausbilder und die Auszubildende setzen können. Die Stühle stehen nebeneinander sodass die Auszubildende nahe dem Ausbilder sitzt. Der Zeitpunkt der Unterweisung wurde der Auszubildenden rechtzeitig mitgeteilt. Für Notizen stehen der Auszubildenden der Block und Stift zur Verfügung.

Der Ausbilder weiß, dass die Auszubildende den zu vermittelten Lerninhalt weder im Betrieb noch in der Berufschule kennen gelernt hat.

Begrüßung:

Die Auszubildende erscheint pünktlich im Beratungszimmer und wird vom Ausbilder begrüßt. Der Ausbilder bringt das „Bitte nicht stören"-Schild an der Türe an. Um die Anspannung und Befangenheit auf Seiten der Auszubildenden etwas abzubauen, beginnt der Ausbilder ein lockeres Gespräch, welches er bewusst in Richtung Thema der Unterweisung lenkt.

Die beim Einstellungsverfahren beobachteten positiven Eigenschaften wie beispielsweise eine schnelle Auffassungsgabe werden durch den Ausbilder an Frau Weber weitergegeben, worüber sie sich sehr erfreut zeigt.

Unterweisungsthema:

Der Ausbilder stellt das Unterweisungsthema der heutigen Unterweisung vor:

Ausfüllen eines Überweisungsträgers

Bereits hier werden die Ziele hervorgehoben:
- Wichtigkeit des korrekten Ausfüllens begreifen
- Struktur des Überweisungsträgers verstehen
- Bedeutung für den Kundenservice verstehen
- Anwendungsgebiete eines solchen Überweisungsträgers wissen

Ausbilder und Auszubildende nehmen beide am Tisch platz, wobei die Auszubildende links von dem Ausbilder Platz nimmt.

11.3 Zweite Stufe: Vormachen und Erklären durch den Ausbilder

Der Ausbilder nimmt einen Überweisungsträger und legt ihn vor sich ab. Da die Auszubildenden am Besten lernen, wenn sie die notwendigen Materialen vor Augen haben, zieht nun der Ausbilder, aus seinem Geldbeutel, die zwei Kundenkarten, damit die Auszubildende exemplarisch eine Überweisung von einem Girokonto auf ein anderes Girokonto nachvollziehen kann. Die Kundenkarte des Empfängerkontos wird oberhalb des Überweisungsträgers platziert, die andere Karte wird unterhalb des Überweisungsträgers platziert. Diese Vorgehensweise ist für sie am Anschaulichsten und am Verständlichsten.

Unterweisungsentwurf 18.02.2006
Andreas Vogt

Der Ausbilder erklärt, dass es sich bei vorliegenden Überweisungsträger um einen Standard-Überweisungsträger handelt, der eingesetzt wird, wenn Beträge von Konten innerhalb Deutschlands bewegt werden. Für Überweisungen ins Ausland benötigt man andere Überweisungsträger, die in einer anderen Unterweisung behandelt werden.

Der Ausbilder weißt auf den Nutzen, den der Kunde von einer Überweisung hat hin und stellt den Service der Bank in den Vordergrund.
Im folgenden erklärt er, warum es wichtig ist ein standardisiertes Überweisungsdokument zu verwenden. Ferner erklärt er den Aufbau des Überweisungsträgers, damit die Auszubildende die Struktur verstehen lernt. Nur wenn die Auszubildende die Struktur verstanden hat, kann sie Fragen diesbezüglich von Kunden rasch und sicher beantworten.

Der Ausbilder teilt der Auszubildenden mit, dass in der oberen Hälfte des Überweisungsträgers die Daten des Geldempfängers eingetragen werden, deshalb wurde die Kundenkarte mit der Kontonummer auf die das Geld überwiesen werden soll, oberhalb des Überweisungsträgers platziert. Der Ausbilder zeigt, wo der Name des Geldempfängers, die Kontonummer und die Bankleitzahl auf der Karte zu finden sind und überträgt die Daten auf den Überweisungsbeleg.
Anschließend muss der Betrag, den der Kunde überweisen möchte erfragt und ebenfalls eingetragen werden. Es wird in diesem Fall ein exemplarischer Wert von 1,00 Euro eingetragen.
Der Ausbilder weißt die Auszubildende anschließend darauf hin, dass in den Feldern „Verwendungszweck" bzw. „noch Verwendungszweck" beispielsweise Rechnungsnummern, Namen, Kundennummern, Konto-Übertrag und ähnliches eingetragen werden sollte, damit eine eindeutige Zuordnung beim Empfänger möglich ist. Falls der Kunde selbst keinen Verwendungszweck nennt sollte die Auszubildende ihn danach Fragen. Der Ausbilder trägt in diesem Überweisungsträger beim Verwendungszweck Kontoübertrag ein.

Im unteren Teil des Überweisungsträgers müssen die Daten des Kontoinhabers bzw. des Verfügungsberechtigten eingetragen werden. Diese entnimmt der Ausbilder der unterhalb des Überweisungsträgers liegenden Kundenkarte. Er entnimmt ebenfalls die Kontonummer, die auf der Kundenkarte eingetragen ist und schreibt sie auf den Überweisungsträger.

Der Kunde trägt das Datum der Überweisung ein und stimmt anschließend mit seiner Unterschrift der Überweisung zu. Die Unterschrift der Überweisung muss mit evtl. den hinterlegten Unterschriften der verfügungsberechtigten Personen des Kontos überein stimmen. Der Ausbilder erklärt, dass ohne Unterschrift einer verfügungsberechtigten Person keine Überweisung möglich ist und unterschreibt im Anschluss daran den Überweisungsbeleg.

Im letzten Schritt wird die „Kopie für Kontoinhaber", also das Durchschlagpapier, welches sich hinter dem Überweisungsträger befindet, abgerissen und dem Kunden ausgehändigt. Somit hat der Kunde etwas „handfestes" in der Hand und kann bei Mängeln der Überweisung, oder Nichtausführung der Überweisung, den Durchschlag am Schalter vorzeigen. Der Ausbilder reißt nun abschließend den Durchschlag des Überweisungsträgers ab und würde ihn nun an den Kunden aushändigen. Damit ist der Vorgang ausfüllen eines Überweisungsträgers abgeschlossen.

11.4 Dritte Stufe: Nachmachen und Erklären durch die Auszubildende

Die Auszubildende hat während der zweiten Stufe genau aufgepasst und zugesehen. Sie wiederholt nun alle Arbeitsschritte und erklärt mit eigenen Worten, was und warum sie es wie tut.

Der Ausbilder ist in dieser Phase vorrangig Zuhörer und Beobachter. Er bestätigt die gezeigte Vorgehensweise kurz und erkennt an den Erläuterungen der Auszubildenden, ob sie diese Tätigkeit und deren Sinn verstanden hat.

Der Ausbilder soll in dieser Phase nur bei groben Fehlern eingreifen. Kleinere Fehler werden nicht sofort korrigiert sondern erst gegen Ende der Unterweisung bzw. nach dem Nachmachen durch die Auszubildende. Die Auszubildende erhält so die Möglichkeit kleine Korrekturen ihres eigenen Handelns selbst vorzunehmen.

11.5 Vierte Stufe: Schlussbesprechung und Vereinbarung zum selbständigen Üben der Auszubildenden

Der Ausbilder hat der Auszubildenden aufmerksam zugesehen und zugehört. Er lobt sie zunächst für das gute Nachmachen und Erklären. Der Ausbilder geht in dieser Phase gegebenenfalls auf kleine Fehler ein, die der Auszubildenden unterlaufen sind. Er zeigt auf, warum es sich um Fehler handelt und warum diese vermieden werden sollten. Er stellt noch einige Fragen, um sicher zu stellen, dass die Auszubildende den Lerninhalt richtig und vollständig verstanden hat. Das Resultat der Unterweisung, nämlich der ausgefüllte Überweisungsträger wird nochmals gemeinsam angesehen.

Der Ausbilder vereinbart mit der Auszubildenden das weitere Üben der neu gelernten Technik in den folgenden Tagen. Im Beisein der Auszubildenden übergibt der Ausbilder fünf weitere Anweisungen zu Überweisungen von Kunden. Sie soll nun selbständig die Überweisungen ausfüllen. Als Termin für die Fertigstellung wird 14.00 Uhr des heutigen Tages vereinbart.

Datenschutz:

Im Zusammenhang mit der heutigen Unterweisung spielen Datenschutz und Betriebsgeheimnis eine Rolle. Bereits bei Vertragsunterzeichnung des Ausbildungsvertrages wurde Frau Weber die besondere Bedeutung des Bankgeheimnisses näher gebracht. Es wurde hierbei auf die Wichtigkeit des sorgsamen Umgangs mit Daten und Informationen, die die Kunden betreffen hingewiesen. Für Frau Weber besteht eine Verschwiegenheitspflicht. Die Überweisungen der Kunden sind somit streng vertraulich und dürfen an keine Personen außerhalb des Unternehmens weitergegeben werden.

Falls Frau Weber Schwierigkeiten beim Ausfüllen der Überweisungsträger haben sollte, steht ihr der Schalterangestellte Herr Anton Huber zur Verfügung. Dies wurde vom Ausbilder mit ihm abgesprochen.

Unterweisungsentwurf 18.02.2006
Andreas Vogt

Der Ausbilder nennt Frau Weber abschließend das Thema der nächsten Unterweisung nämlich die richtigen Wahl der Zahlungsart des Kunden und erinnert an den bereits feststehenden Termin am nächsten Dienstag um 9.00 Uhr. Die nächste Unterweisung wird teilweise auf die heute vermittelten Kenntnisse aufbauen.

Der Ausbilder verabschiedet die Auszubildende freundlich und wünscht ihr viel Spaß und Erfolg beim Üben und Umsetzen des neu Erlernten.

Der Ausbilder notiert sich den vereinbarten Termin für die Fertigstellung der Überweisungsträger und kontrolliert nochmals ob er den Termin für die nächst Unterweisung mit Frau Wilma Weber in den Kalender eingetragen hat.

12. Arbeitszergliederung

Lernschritte WAS wird gemacht?	Kernpunkte WIE wird es gemacht?	Begründung Warum wird es gemacht?
Überweisungsträger wird auf den Tisch gelegt	Vor sich legen des Überweisungsträgers.	Ohne Überweisungsträger ist eine Überweisung nicht möglich.
Kundenkarten werden daneben gelegt	Ablegen der Karten ober- und unterhalb des Überweisungsträgers.	Man sieht somit schnell die Empfänger- und Kontoinhaberdaten.
Eintragung des Empfängers, der Kontonummer und der Bankleitzahl	Eintrag erfolgt mit einem Kugelschreiber auf den Überweisungsträger.	Empfängerdaten sind unerlässlich für eine gültige Überweisung.
Erfragen des Überweisungsbetrages	Man fragt beim Kunden nach, falls er keinen Betrag genannt hat.	Überweisungsbetrag ist unerlässlich für eine gültige Überweisung.
Eintragen des Verwendungszwecks bzw. erfragen des Verwendungszwecks	Eintrag erfolgt mit einem Kugelschreiber auf den Überweisungsträger	Mit einem Verwendungszweck ist eine eindeutigere Zuordnung der Überweisung möglich.
Eintragung des Kontoinhabers bzw. des Verfügungsberechtigten	Eintrag erfolgt mit einem Kugelschreiber auf den Überweisungsträger.	Daten des Kontoinhabers b
Eintragung der Kontonummer des Kontoinhabers	Eintrag erfolgt mit einem Kugelschreiber auf den Überweisungsträger	Die Unterschrift muss mit der hinterlegten Unterschrift von den verfügungs-berechtigten Personen des Kontos, überein stimmen, sonst wird die Überweisung nicht ausgeführt.
Abreißen des „Durchschlags"	Abtrennen des „Durchschlags"	Der Kunde hält somit einen Beweis für die Abgabe der Überweisung bei der Bank in Händen.